노동은 푸른 산소다

노동은 푸른 산소다

박철영

315

실천문학

제 1 부

불꽃살이	11
말을 참는 사람	12
괭이밥	14
노동자론	15
온 토막	16
해체 작업	18
안전 미팅	20
노동은 푸른 산소다	22
밤에도 벚꽃은 핀다	24
닭발도 주리를 튼다	26
발판공 입문	28
공단의 가을	30
나는 네가 한 일을 알고 있다	32
4월	33

제2부

경고	37
외심 씨 外傳	38
알렉산더들이 나타났다	39
청년 비계공	41
슬라바 청년	43
안드레이 김	44
이명	46
김 직장	47
안 씨 관찰기	49
비계공 종환 씨	51
비계공의 달집	53
비계공의 하루	55
율촌공단 아라리	57
조회	59

제3부

철근쟁이의 詩	63
작은 일	64
철야	65
을들의 소리	66
빵	67
오버타임	69
섯다운	71
단책에 7자 걸이	73
3톤의 눈물	75
부력 인생	77
버티기 같은	79
공친 날	80
13명의 전사 일기	82
용접공의 노래	84

제 4 부

짬짬이 단잠	89
힘줄과 핏발	91
빗살무늬 토기에 대한 기억	93
달궁 아래	94
페르소나	96
사람도 세월만큼 힘들게 한다	98
포항	100
여수 밤바다에서	102
뜬금없이	103
그날	104
외박	106
폐항	108
인월	110
절연	112
해설 고선주	117
시인의 말	137

제 1 부

불꽃살이

언제부턴가 내 손에서는
불꽃이 일었지

아무것도 모르던 신참 때
선배들 닦달과 으름장으로
귀머거리 수 삼 년 건너오다 보니
복장腹臟도 세월만큼 뒤집혔을 거였지만

사람들이 나를 부를 때
이 씨 이 씨 하던 것도 세월이 흐르다 보니
그 사이에 내 몸에서도 불꽃이 일었던 거지

이제야 제대로 된 불꽃을 피우다 보니
이 직장 이 직장하고 부르는 호칭도 바뀌었네
뭐니 뭐니 해도 조선소에서는
용접사의 불꽃이 진정한 꽃이 아니던가.

말을 참는 사람

협력사에 근무하는 말 수 없던 김 씨
지금도 조신하기는 매한가지다
이곳에서 근무한 지 이십 년이 넘었는데
뼈 빠지게 일을 해도 쥐꼬리 월급에서
이것저것 제하고 나면
여전히 숟가락을 빨고 다닌다며
빈 주머니를 털어 보인다
잘 커 준 아이들이 하나둘 자리 잡아서
그나마 다행이라 했지만
연말 정산 생각하면
현금 영수증은 몇천 원짜리도 꼬박꼬박 챙기라고
부러 일러주었다는데
불쑥 돌아오던 말이 귀에 맴돈다

우리가 백날 그리하면 뭐 한다요
챙겨가는 놈들은 따로 있는데

말 수 없는 사람이라고만 생각했더니

말을 참는 사람이라는 마음이 들었다.

괭이밥

조회까지는 한 시간여 남았는데
일기예보를 앞질러 빗방울이 세차다

우수雨水 위에 뜬 오늘이 걱정인 저들
막다른 여기까지 내몰렸는지
조선소 하수구 옆 아스팔트 깨진 틈으로
한 줌도 안 되는 흙에 온 생을 걸고는

봄이라고 할 수도 없는 4월을 맞으며
삭막하기 그지없는 날들
무엇을 바라보며 살아 왔는가

남들 다 하는 사랑이란 것도 없이
가슴 후끈 달아오른 기억도 없지만

손 내밀면 닿을 것 같은 실뿌리를 그러쥐고
저 아침의 괭이밥들이
하나둘 공장 정문을 들어서기 시작한다.

노동자론

 일터에서 살아가는 사람으로 나라에 바친 세금도 세금이지만 손 넣고 발목 밀어 넣어 가며 해야 할 일들이 헤아릴 수 없이 많았던 인생이었다 자신이 밟고 사는 땅은 하늘이 준 시간 속에서 말라가는 우물이었다며 남 탓만 해서 될 일이 아니다 세상에 절로 솟는 우물이 어디에 있을까 노가다하는 사람만 진정한 노동자이고 삼십 년 근무 경력으로 제철소 3조 3교대 나가는 사람은 부르조아 따까리로 여기던데 해방 이전 친일한 부모들은 말고 땅 파먹고 살았던 우리네 부모와 어차피 도긴개긴이 아니었나 진실로 진실로 이 땅의 노동자로 살다간 이는 내 아버지 같은 사람이다. 그래서 나는 노동자의 성골聖骨임이 분명하였다

온 토막

새벽 눈 비비고 나온 아침의 작업자들에겐
반 토막이라는 말이 마마처럼 무서웠다
일당 벌이를 하는 그들에겐
하루를 무사히 일할 수 있느냐가
뉴스보다 더 큰 관심사였다

조선소 블록공장 지붕 위로 추적추적 비가 내리고

하루 종일 비 온다는 예보를 양보할 생각이
하늘에겐 없는가 보다

저 비 때문에
똥 삽 패를 든 사람과
첫 장부터 고돌이 패를 풀어야 하는
난감함이 꼼수처럼 교차한다

어제도 반 토막을 쳤던 발길들 앞에
굵은 장대비 줄기가 내리치는 중이다

별수 있으랴

오늘은 온 토막이 야무지게 났다.

해체 작업

시간의 허물을 벗기면
어떤 모습이 나오려나

수피樹皮 따라 위로 위로 올라가야 할
벽을 바라다본다

비장한 날개를 비벼대며
허기처럼 한숨이 새어 나왔다

제각각의 끈적끈적한 기억들을
허물처럼 벗겨 아래로 끌어내리는
손과 손들은 언제나 무음이다

블록에 다닥다닥 덧붙여 놓은 발판이며
닭발*과 철포**를 차례로
벗겨 던지기 시작하면

---
* 발판 비계를 고정시키는 자재
** 비계 측면 난간을 지지하는 고정용 자재

무수한 노동자의 내민 근육들이
바닥에 내동댕이쳐진 듯 환청을 넘어온
비명이 자꾸 들려오네

벗겨진 허물에 붙은 살점들마다
고통에서 나온 것들이라서
소리보다는 신음에 가깝게 들리기도 하였다.

안전 미팅

작업시간 시작되기 전
매번 외치는 전사들의 구호
서로의 손등 위에 손바닥을 얹어
무슨 대단한 결의라도 된다는 듯
살갗을 부비면서
안전 안전 파이팅!

현장에서 종일 몸으로 때워야 하는 일용직들은
고소 공포의 난간에도 아랑곳하지 않고
아슬아슬한 용접 불꽃을 허공에 휘날리는데
간혹 불꽃보다 먼저 사라질 수도 있었는데
그들은 오히려 안전 미팅에
소홀하였다

산업 현장에서 몸뿐인
서로의 어깨에 손을 얹고
하나뿐인 생명을 소중하게 떠올리는
안전 미팅

온전하게 하루 잘 마치자며
너나 할 것 없는 사람들끼리
서로의 깊은 눈빛을 바라보며
말을 해야 하는 것

니캉 내캉 의기투합해서
몽뚱아리로 벌어먹고 사는 우리
절대 다치지 말자고,
안전 안전 오늘도 목 메도록 파이팅!

노동은 푸른 산소다

노동자가 일하러 나가는 것은
햇볕이 필요해서다
사무실 따위에 갇혀
창백한 얼굴로 평생을 살지 않겠다고
책상머리를 박차고 용접기를 손에 잡은 거다
햇볕이 부족한 지구에서 살아가려면
인공으로라도 불꽃의 온도를 올려
스스로 광합성을 이루는 거다
그래야 폐 속의 더러운 공기를 정화할 수 있다

생의 발목이 편치 않는 현장에서
묵묵히 일하는 것은 한 그루의 나무를 심는 것과 같다
오염된 공기를 정화하려고
푸른 이파리의 나무를 심듯
본래의 모습처럼 단순해지는 것
땀을 흘려 얻은 그만큼만을
아끼고 또 아껴서
소중한 사람들과 하나뿐인 지구를 살리려는 것

영혼을 맑게 하는 것은 노동의 푸른 몸짓이다
사라진 희망을 만드는 열정으로
세상을 바꾸려는 강한 의지여서
용접봉에서 빠져나온 불꽃으로
노동은 언제나 푸른 산소의 시간이었다.

밤에도 벚꽃은 핀다

저들도 밤을 새우느라
눈도 뻑뻑할 것이고 몸은 굳고
발목은 시시때때로 저릴 것이다

그런 몸을 뒤척여 가며
환하게 꽃을 피워낸 것이다

사람들은 꽃만 쳐다보았지
누구 하나 긴 밤의 수고를
떠올려 본 적이 없다

제철소 교대근무 삼십 년
야근에 지친 몸이 고통스러워도
아무렇지 않은 듯 아침을 맞는 벚나무같이
그렇게들 다독이며 여기까지 왔다

밤새워 꽃을 피웠던
벚나무들을 쳐다보다가

돌부리에 걸려 휘청대는 몸을 추스르며
따라온 달을 불러 집으로 간다.

닭발도 주리를 튼다

먹는 것이 아닌 닭발
허공에 올려 난간을 만들어 주는 발판을 놓을 때
이중 일반 닭발은 수평을 만들고
이것으로 안 되면 독하게
모가지를 구십 도로 꺾은 닭발을 놓아야 한다
이래저래 성한 데 없는 닭발에
발판을 얹어 버티기에 들어간다
철사를 닭 모가지에 걸어 돌리고
구멍에 찔러 넣은 반생이*를
끊어지지 않을 만큼 시노**로 주리를 튼다
엉망이 된 닭발도 걷는 것을 잊은 듯
그 자리에 엉거주춤 서 있다
어차피 닭발이란 허공에 뜬 몸을 지탱하는 것
간혹 힘에 부칠 때
두 발을 번갈아 가며 중력을 덜어내지만
꼼짝할 수 없이 꺾어버린 발

---
*   철사 줄
** 발판 비계 작업을 할 때 사용하는 공구

지상에 찍힌 닭발의 문양을 보며
살아간다는 일의 의미를 헤아리기도 한다.

발판공 입문

가장 먼저 해결해야 할 목표는
손짓으로만 소통하는 수화를 익히는 일

난수표처럼 나열된 손가락 숫자를 놓칠 때
서로의 교신이 이어져야만 한다는 것

허공과 지상과의 틈새가 없이 긴밀하게 연결되어야
발판 설치 공정이 어긋나지 않는다는 것

발판이 허공을 향해 끝없이 올라가는 동안
간간이 육두문자가 쏟아지기도 하고
심할 때는 표정까지 일그러지곤 하여서

쉬는 틈에도 발판의 종류와 길이를
끊임없이 머릿속에 입력하는 것

사람과 사람 사이를 알아가는 일처럼
발판의 모양과 무게도 그 속이 다양하였다

옷으로 가려진 몸뚱어리 곳곳의 푸른 멍과
옹이가 진 손과 발목을 훈장처럼 꺼내 보이는 비계공들은
그들의 생채기가 자신의 자존심이었다

하루 종일 허공에 혼잣말을 주절거리다
작업대를 내려오는 저녁이면
바닥에 뒹구는 말들이 홍수를 이루고 있었는데

그렇게 해도 한번 자리에서 밀리면
항상 밑장깔이 신세에서 벗어날 수 없었다.

공단의 가을

일거리가 줄었거나 회사가 문 닫은 것도 아닌데
사람들이 하나둘 떠나가기 시작한다

여름 폭염 휴가가 이미 끝났는 데도
출근부에는 돌아오지 않는 이름들이 늘었다

건성으로 출근한 듯한 발걸음들도 그렇고
누구는 길지 않은 머리까지 빡빡 밀어버리고
아직은 환한 표정으로 본심을 가리고 있다

아무것도 눈치채지 못한 그의 동료는
새로 바꾼 휴대폰 뚜껑을 자꾸만
열었다 닫았다를 반복해 보이는데

그럴 때마다
지워야 할 이름 몇 사람이 더 있다는 사실을
아직 눈치채지 못했지만
시간이 문제지 일당 따라

움직이는 것을 탓할 수도 없다.

나는 네가 한 일을 알고 있다

온수기에서 방금 뽑은 뜨거운 물을
다른 사람의 발등에 쏟아 버리는
막 벙근 꽃망울을 할 일 없이 따버리는
쓰다 남은 얼음덩어리를 꽃밭에 던져 버리는
일들을 그저 지켜만 보고 있었던
그런 너를 나는 알고 있다

눈으로 보았던 세상을 기억하며
파랑 같던 시절을 무던히 넘어왔다

고통의 몸부림이 되어 그리움을 견딘 그날에
살아야 하는 나의 이유를 돌아서서
밝혀내어야만 하였다

애타게 기다렸던 네 마음속 당신을 향해
나는 네가 아니라 내가 하였던 일을 남김없이
한 번쯤 고백하고 싶었다.

4월

 아무것을 알려주지 않은 날들과 어떻게 시작되었는가를 모른 채 4월은 오고 어딘가로 흘러가고 힘들다며 외면하려 한 꽃들이 흙을 비집고 나와 하늘을 쳐다본다

 4월은 기쁨이나 슬픔만으로 말할 수 없어 서로를 들여다보다가 잊었던 말 떠올랐다는 듯 사랑한다는 말 생각났다는 듯

 현장 떠난 뒤로 소식 한번 오지 않는 작업장 막둥이가 몸 다쳤던 날이
 하필이면 꼭 이맘때였다.

제 2 부

경고

갑甲이 주로 하는 익숙한 입말이다
대수롭지 않게 상대에게 내뱉아
마음고생시키는 말
아랫사람들에게 눈 바깥에 난 감정까지 더해
가슴 찔러대던 송곳이 생각났다
설비 사고 보고서를 올리며
반성이 될 만한 문자를 고르다가
그만 불편한 현실과 속내를 써넣었다가
근심거리가 더해져 찾아온 야근이 슬펐다
부서져도 말 못 하는 설비 대신
한참을 지나 내려온 통지문에 적힌
뼈아픈 지적들
급소를 향해 날아드는데
비명만 질러대선 안 될 것 같았다
약삭빠르지 못한 문장을 데려와서
곤장 맞은 장독에 펴서 바르고
못다 데려온 나머지 구절들을
막걸리 잔에 넣어 탕약처럼 목에 넘겼다.

외심 씨 外傳

 허망한 것이라고 사람 사는 것이 별거냐고 그러다가도 사람을 좋아해
 맘 놓아버리기 일쑤인 왕언니 우리들의 외심 씨

 눈치 밥 가리지 않는 뱃심은 두둑해서 결정적일 때는 당찬 모습 보여 주기도 하는데 언제부턴가 눈물 많던 소녀 때 보다 여려졌는지 아침부터 낯빛이 제풀에 풀어져 있다

 갱년기는 훌쩍 넘겼고 노년기 증후 같은 쓸쓸함이라도 오는 걸까 하지만 오늘은 서슬푸른 갈기를 일으켜 세우며 일터의 갈등 깊은 마음을 작심한 듯 발판 위에 걸쳐 놓았다

 나이 더 들면 일당벌이도 어려워질 테고 그때는 가슴 안에 품은 말도 기회가 없을 것이니 아직은 노동자 대열에 이름 석 자 올리고 사는 것을 자랑스럽게 여긴다면서도 그래도 치받을 기운은 이렇게나마 남아 있다는 외심 씨의 외로운 권리장전의 날.

알렉산더들이 나타났다

우리가 아는 알렉산더는
기원전 300년경의 정복자로
그리스 페르시아 인도를 쓸어버린
정복자인데

머나먼 러시아의 오지에서 살아남은
고려인의 후손들
동포 비자에 적힌 사진들을 보면
영락없이 한국 사람들을 닮았는데
김이박 성씨들은 어디로 가고
성명란에 알렉산더가 몇 명이 있다

어떻게 불러 줘야 하나
현장에는 알렉산더가 세 사람이나 되었으니
한 집안도 아닐텐데
어떻게 붙여진 이름들일까

알렉산더를 부르면

제각각의 표정으로 반응하는
저 착한 눈빛들을 어떻게 바라보아야 하나.

청년 비계공

막장을 기는 현장엔 막장이 없다
생을 일으키고 바로 세우려는
투혼의 밑장을 괴는 터전만이 존재한다
4·5파이 6미터 파이프로
바닥에 베이스를 박아 세우면
넘어져선 안 된다는 약속이 시작되었다
첫 시작은 그렇다 해도
한없이 번져오는 만감에 젖어 들어
수직을 놓친 일들이 허다해
살다 보면 누구나 흔들린 때가 있었다
자칫 무릎이 상하는 일도 다반사
그렇게 깨지고 터지다 보면
스스로 곧추서는 법을 알게 되었다
스물아홉 A씨는 파이프 세울 때
맨 밑바닥의 보조공이다
비계 군단의 위계는 군대보다 엄격해서
위로 누르는 만큼 가해진 중력을
아래에서 버텨내야 한다

자칫하다간 가지에 달린 사과가
곤두박질치듯 내리꽂히기도 하는 게
이곳이다
지켜보는 것만으로도 아슬한 생의 전선이다
중요한 것은 서로에게 잘 엮여져야 한다는 것으로
밑바닥부터 꼿꼿하게 바로 서야 한다는 것이다.

슬라바 청년

 조선소 비계공으로 하루하루 일당벌이가 된, 카자흐스탄에서 왔다는 슬라브 혈통의 청년 슬라바 오뚝한 콧날과 깊은 눈매가 한국의 식성에 길들여졌는지 인상이 제법 변해 있었다 제 나라에서 대학을 나오고 잘 나간 회사에 근무했지만 별다른 희망을 가질 수 없어 한국에 왔다고 했다 어설픈 한국말로 새참 때 아이스크림 나오느냐는 물음을 자주 했다 통기타를 퉁기는 예능 끼도 있었고 유순한 눈빛 속에 숨겨진 것들이 많아 보였다 그가 오늘도 연극 대사처럼 "아이스크림있어요?"라고 율랑거리며 명랑하게 외친다 우리 아버지 열여덟 살 때 함흥을 떠나 백두산 너머 하얼빈에서 살아보겠다고 외쳤을 간절함이 떠올랐다 마음속으로 슬라바 그의 이름을 한참 어루만져 주었다.

안드레이 김

세월이 흘러도 변하지 않는 것은 있다

개똥이 말똥이 만복이가 이바노프 성을 달고
비탈리가 되든 알렉산더가 되든
촉촉이 젖은 눈을 보면 알아챌 수 있다

가끔 시베리아 곰을 닮은 것처럼
왕방울 눈이 사나워 보여도
가슴 깊이 숨겨진 사연이란 것이
슬픈 족속들의 모습이어서

살기 위해 조선 땅을 떠났거나
연해주에서 중앙아시아로 강제 이주된
한민족의 아들이 다시 아들을 낳아 대를 이어온
소련에서 러시아로 바뀌는 혹독한 세월을 견디다가
그래도 이곳을 또 다른 조국이라며 찾아온
동포 3세

F4 비자로 근근이 일자리 찾아 헤매다
눈칫밥으로 때우고 배워가는
발판 비계공으로 자리 잡은 안드레이 김

십 년 만에 고향 찾아간다며
눈자위가 빨개져 슬퍼지기 시작하는 퇴근 시간
내일이면 떠난다는 어깨를 꼬옥 껴안아 주었다

조상의 조국에서의 어느 쓸쓸한 저녁이
고향으로 돌아가는 너의 마음을
가만히 쓸어안아 주고 있었다.

이명 耳鳴
  －이희종 씨

 고등학교 시절 몇 번 다녀온 적 있었던 남원시 산내면에 사는 친구 집에서 하룻밤을 묵은 기억이 있었다 산음 山陰 깊숙한 동네 돌담 사이에 무리 지어 목 내밀고 있던 닥나무들 그 껍질로 만든 팽이채를 휘두르면 찰지게 달라붙는 맛이 유난했다 심심하면 울어대는 귀울림 힘들 때마다 뇌리를 후려치던 이명과도 같았다 닥나무 가지를 아궁이에 피워 빚었다는 막걸리 몇 잔에 취해도 보았다

 그와 함께 실상사 대웅전 찾던 날도 어언 희미해져 버렸지만 세월 앞에서는 장사가 따로 없었기에, 산내면 친구 소식 간간히 그립기도 하였다 동공이 유난히 커 눈에 띈 이희종 씨는 삼십 년 터울지는 젊은 팀장인데 손금 같던 옛 추억을 폈다 오므리며 말을 맞추어보니 나보다 한 살 터울 많은 그의 아들이 맞았다 발판 내던지는 폼새도 그렇고 된 바닥을 엎어치는 짱짱한 성깔머리도 쏙 빼다 박은.

김 직장

감비아 원주민처럼
몸도 마음도 검게 타들어
삼복 땡볕도 주춤하는 정오
이글대는 가슴 속 아픈 과거가
간혹 용암처럼 꿈틀대지만
잠잠한 고요가 놀빛에 잠길 때
진정되는 하루살이의 마음이다

잘 나갔던 청년 시절
여천 화학공단 거뜬히 취직하고선
일기당천!
세상 물정 모르고
동업자와 몇 번의 성공을 모반했지만
신접의 보금자리 구들까지 파내어
몽땅 들어먹었다는 소문이 바람 속으로 들려왔었다

죽어야겠다는 생각 말고는
할 것이 없었더라는 마지막 비명을

세상 사람들은 듣고도 모르는 척 돌아섰는데

따뜻하게 제 품에 끌어안아 주었다는
다정하고도 당찬 아내가 아니었다면
벌써 이 세상 사람이 아니었을 거라는
순금 같은 표정의 글썽한 고백

김 직장 순애보 속의 하루는
땡볕벌이 속에서 오로지 당신 말고는
아무런 잡념이 없다.

안 씨 관찰기

처음 눈빛을 주고 받았을 때
멈칫거리며 외면하던 모습이
그럴 수도 있겠다 싶어
마음에 담지 않고 지냈던 몇 개월
소리 없이 훌쩍 떠나버린 뒤
몇 안 되는 기억들이 지워졌고
빈자리가 언뜻 궁금해지기도 했다
이듬 해 봄 꽃 다 져버렸을 무렵
초여름 소식처럼 찾아드는 서른여섯의 사내
그새 말수가 좀 늘었는지
조금은 살가워진 눈빛을 풀기도 했다
타고 다니던 자전거가 빵꾸가 났다며
타이어 속의 튜브 사이즈를
톡으로 물어오기도 하였다
아직도 발판공 시다인 안 씨
하루는 뒤뚱거리는 발걸음으로 다가와
언젠가 풀다 만 말꼬리를 이어 주기에
다시 떠날 거냐며 눈치를 살폈는데

사나흘이 지나도 대꾸할 말을 찾지 못했는지
자꾸만 주위에서 얼쩡거린 그날
무릎에서 올라온 표정을 절룩이며
더는 하늘을 날 수 없다는 말을 잘라먹었다
주머니에서 빼어 든 담배 개비에
불을 지필 때 한참을 더듬거렸지만
나란히 서서 바라본 하늘이
맑고 푸르러 유난하였다.

비계공 종환 씨

알만한 대학의 체육학과를 졸업하고
듬직한 체구도 믿음직했다
태권 도장을 열어 한때 잘나갔다는 그는
IMF 때 여지없이 꼬꾸라져 버렸더란다

구릿빛 팔뚝에 항상 웃는 낯으로
속이 타서 그런 거라는 넉살이 유단자인 품새
아직도 살아 있는 그의 아우라는
간간이 이마 주름살을 찡그려 보이다가도
그래도 할 일이 있어 다행이라며
몇 층층 올라간 발판을 헤아려 보고는 한다

가끔은 너무 높이 올라온 거라고
공중 바람이 어깨를 툭툭 건드리는 데도
허공에다 대고 손놀림이 바쁜 사람
언젠가 잡아본 손바닥 안에
등 갈라진 거북이 한 마리 살고 있었다

그래도 살겠다며 밑바닥부터 기어올라
오지게 잡아 비틀어 맨 세월이었으리
사람은 몸뚱이로 일하는 것 같지만
정신이 중요한 것이라며 목청으로 질러낸 기합
끝까지 태권도의 기상을 잃지 않는다

구월엔 아내가 미용실을 개업한다고
도복 대신 입은 작업복 허리띠를
단단하게 조였지만 기마자세가 흘러내렸다.

비계공의 달집

일 미터 이십 센티의 철선을
엿가락처럼 다루어야 하고
눈대중으로 어디를 구부릴 것인가와
비계의 배열을 어림잡아 나가야 한다

두 개의 목덜미를 어루만지는 것처럼
휘청대는 중심의 허수를
정수의 순간으로 나꿔채고 난 뒤에야
파이프를 박아
점 같은 포인트를 마술처럼 잡아 꿰는 비계공

바닥을 빼고는 하늘까지 텅 빈
무한 공간에 발판을 얹어야 하는
허공을 부리는 외로운 작업
단 한 곳이라도 매듭을 놓칠 때는
죽음이라는 허망한 끝을 볼 수도 있어
긴장된 몸을 놀려 구조물을 앉히다 보면
거대했던 허방이 서서히 메워지고는 했다

새 떼처럼 대오를 지어
망망한 허공에서 공중제비를 돌 듯
경력으로 점을 찍어 채웠다 헐었다
마법이 벌어지는 조선소 블록 공정
발판을 시공하는 사람들 어깨 위로
노을이 허물어지기 직전까지
비틀고 조이고 매달다 보면

아직 뜨다만 달빛도
그 옛날 순천 왜성으로 끌려가는
노복奴僕들처럼 꼼짝없이
허리가 묶여 있곤 했다.

비계공의 하루

봄 햇살에 얼굴이 그을렸다
까칠한 손으로 시간을 층층 받아 올려
손이 마음보다 바쁜 사람들
손바닥은 어디 없이 거북 등이다
밑바닥부터 기를 쓰며 오른
반나절 인부들이 덤으로 얻은 두통 뒤에서도
괜찮다 손사래를 쳐대며
잡아 비틀어 맨 세월은 언제나 누추했다

비계 일이 몸뚱이로 하는 단순 노동 같아도
처음부터 머리를 굴려야 되는 고난도 작업이어서
신중에 신중을 거듭해야 한다

공간의 네 귀를 붙잡아 맨 균형이 생명이지만
가다가 간혹 뒤틀어지는 것이 인생사이듯
허망하게 무너진 현장이 사단을 내기도 한다

아직도 0.3미리 번선番線을 뽑아 들고

못다 한 사랑 노래를 부르듯
구부렸다 오므렸다를 반복하며
시노를 발판에 탁탁 두드려 보기도 하는데
소리만 들어도 끝이 어디까지 가 닿는지를
감感으로 알아차리는 저 허공의 달인들
비계공의 하루는 마술과 같다.

율촌공단 아라리

꼭두새벽을 따라붙은 사람들
공단을 가르는 8차선이 바빠졌다
얼굴까지 푹 눌러쓴 빵모자와
넥 워머로 감은 목덜미를 웅크리며 달려가다
빨간 신호등에 제지당하고 말면
언제나 그렇듯이 팽팽한 긴장이 흐른다
조선소가 바로 코 앞인데
고만고만한 일당의 전사들이
늦어진 몇 분을 항명하지 못한 채
무기력한 얼굴로 투항하고 있다
거대한 제국주의에 맞선
아랍의 전사들 마냥
출입 센서가 인식하는 바코드는
숙련된 노동자들만 어김없이 가려내고 있었다
원청에 재 하청된 말단 업체의 노동자들에겐
서슬푸른 출근길
시간의 포로가 된 안색들이
야적장 철판처럼 냉랭하다

긴장을 풀어낼 명랑한 스피커가
햇살을 노랫말로 말아 올릴 즈음
국민체조 구령에 맞춰
몸을 푼 다국적 노동자들에게
간드러진 안내 방송은 안전이 최우선이라지만
작업량을 채워야 할 하루가 빠듯하다
본사의 층수만큼이나 거듭된 하청은
최저 시급의 미끼가 되었는데도
점심시간에 늘어선 줄마저
그들에겐 생존의 방정식이 되어 있었다.

조회

나랏일을 다룰 때도
회사 일처럼 저렇게 했을 거다

다루는 사안은 차이가 나도
며칠 전 일어난 일을
세세히 밝히는 것은 같다
매일과 며칠마다의 차이와
현장과 국가라는 것이 다르다

회사는 시간을 다퉈 생산성을 계산하고
잘 돌던 설비 베어링이 과열되면
예방 점검 소홀로 사람 탓을 한다
사람을 시간별로 조회하는 회사
출근부터 퇴근까지 작업일지라는 자술서
조업 수칙 안전 사항 위반 등을 말돌림해
조업률을 향상시키는 것이 목적이다

국가에서 심의하는 명목은 국리민복이다

회사도 생산성 높여 인센티브 늘려
잘 살게 해 주겠다는 것에서 같다

그 좋던 말들이 시간이 흘러도
목구멍까지 넘어온다는 기별 없는 것을 보면
나라님 말이나 회사 대표 말이나 같다
그걸 조회해 보자며 허구한 날
거리에서 붉은 머리띠 두른 사람들이 증거라면
증거다

코흘리개 시절
낯빛 살펴 좋든 싫든 이름 부르며
반겨주던 선생님이 하는 조회가 진짜 조회다.

제3부

철근쟁이의 詩

물려받은 가난은 진창처럼 엉겨
떨어져 나갈 날이 없었다
세상의 구석을 떠돌다가
철근쟁이가 되어서는
반듯한 허리 꺾어가며
스스로 벽이 되거나 모서리가 되어 살아온
마흔 살을 지나
눈이 오거나 비가 오거나
허리를 구부려야 들어서는 단칸 방
공친 날에는
욱신거리는 제목들을 내용 삼은
시 한 편이 떠오르기도 하는데
발목 언저리에서부터 시작된 통증이 심해져
첫 구절부터 종종은
하루가 위태롭게 휘청거렸다.

작은 일

 큰일 났다는 말에 자리에서 일어나 현장으로 달려갔더니 이미 숨을 거둔 노동자의 모습은 사라져 버렸고 찌그러진 안전모가 수습된 채 있었다 사고 현장은 안전 롤 테이프가 빠르게 둘러쳐졌다 현장 보존으로 죽은 사람보다 가동 중단으로 발생할 문제들이 더 급해 불안한 저마다의 마음 속 셈이 바빠졌다. 안전보건공단의 안전 감사가 몇 번 더 진행되었고 보름쯤 지나서야 상황이 종료되었다 빈자리는 누군가로 대체되었고 유가족들이 몇 차례 현장을 다녀갔다는 말을 들었다. 보상 합의가 마무리되었다는 말을 기억한 사람은 없는데 잘도 돌아가는 설비로 생산 차질은 메꿔졌다.

 작은 일이 있었다는 것을 알았다.

철야

 숨소리도 자정을 넘느라 자꾸 거칠어지고 기계처럼 묵묵히 지새야 하는 시간이 길다 여천 화학 공단의 불빛들이 묘도를 건너오다 되돌아가면 하루짜리 일당을 받아 쥔 노동자의 졸린 눈빛 아래 시간을 알 리 없는 광양제철소 원료 수송선은 제3 항로에서 밤의 지느러미를 털고 있다 아름답다는 여수 밤바다는 하늘의 별들과 무슨 밀약을 속삭이고 있는 걸까 만선의 꿈 한번 이뤄보지 못한 늙은 어부를 빼닮은 생애 뻐근한 목을 만져보니 터트리지 못한 동지 밤의 뇌관이 몽울로 뭉쳐있다 언젠가는 주저앉고 말 살얼음판을 스쳐 가는 바람처럼 야근은 아슬하기만 하다.

을乙들의 소리

 일요일 현장에다 수리 작업을 붙인 것이 문제였다 안전이 최고니 마니 갑질 하면서 생산 라인 돌리는 것이 문제였다 힘없는 놈들은 새벽부터 눈 비비고 나와 용접봉에 불을 붙인 것이 죄였다 갑甲이라고 표시된 노란 조끼 입고와 지적질로 지랄을 떨 때마다 불꽃이 확 치밀어 오르지만 그럴 때는 귀머거리가 최고였다 육갑을 떨다가 꺼지든지 말든지 일당만큼 지져대다 가면 그만 아닌가 이런 날은 쇠끼리 벌겋게 달라붙어 유난히 시벌거린다 제철소 원료부두 수송 Belt도 c벌 c벌 돌아가는 데 어쩐지 그 소리가 을들이 목울대로 삼킨 울음과 비슷하였다.

빵

오늘도 제 불꽃을 피워
빵을 굽는 사내가
조선소 블록 오십 미터 대로 위로
끌고 왔던 용접기를
손수레에 옮겨 싣고
하루의 노역을 마감하러 간다

소금기 품은 용접복 위로
놀빛보다 더 붉었던 불꽃의 시간을
건너가느라 마음이 바쁘지만
도로 경사면이 자꾸 고개를 쳐들고 있어
언제 풀려버릴지 모를 정강이가
힘에 부쳐 불안 불안하다

그새 오십 줄을 이어온 이마의 주름살이
활처럼 휘어진 비탈에서
미끄러지지 않으려 버티고 있다

혼신의 힘으로 제 삶 쪽에 얼굴을 떨구며
헛말을 주문처럼 중얼거리면
말귀를 알아들은 손수레 바퀴도
멈췄던 경사면을 타고 내려간다

아무도 바라보지 않는 뒷모습으로
하루치의 수고를 가슴에 품고 멀어져 가는 사내
풀어지는 그림자가 흐릿해져 간다.

오버타임

설비가 멈춰버렸다
고장정보 이력에 나와 있는
20L 짜리 구리스 통을 교체해야 된다
쓸모없는 것과
유용한 것의 차이는
비워지고 채워진 상태로 판단되었다
통을 갈아 끼우며
얼마 남지 않은
생의 유효 시간도 헤아려 본다
교체 주기는 가동한 만큼 줄어들고
빠져나간 자리엔 어떤 이유가 스밀 틈이 없었다
서둘러 설비 상태를 리셋 시키고 나면
현장은 이내 평온해질 것이다
빈 통은 다시 쓸 수 없어 폐기될 뿐
미래란 말을 사용해선 안되겠지만
이 시간에도 교체와 대체가 빈번한 현장
인부들의 충혈된 눈빛은
마지막 닥칠 밤의 운명을

가늠하는 것이 전부였다
망가진 사람은 교체되는 것이 아니라
퇴출되는 것을 본 적이 있다.

셧다운

고장은 반복된다
최고의 꼼수는 초과한 가동률이고
무리한 가동으로 전신 마비가 왔다
개떼처럼 몰려온 기술자들이
손과 눈으로 진단한 결과는 사지 경직
골리앗 같은 설비의 대퇴부 절단으로
동작 불능이 찾아온 최악의 상태이다
마스크와 보안경을 쓴 눈에는
망가진 설비에 대한 미련은 한 푼어치도 없다
소요된 시간마저 경제라는 비용으로 환산되고
300톤 크레인에 결박된 사지를 들춰
이탈된 경추를 잘라내면
동공 속에 기억된 어제들이 사라져 갔다
자유로워져 허공이 된 몸에
인공관절을 다시 붙이자
허공 속의 움직임이 되살아 난다
서서히 온전해지기 시작하는 너는
공친 날들을 기억하지 못한 채

원료부두에 정박한 원료선에서
남미의 상처 같은 철광석을
쓸쓸히 하역을 시작해야 했다.

단책*에 7자 걸이

검사나 판사도 이 말 뜻을
알아챌 수 없다
비계공만이 알아먹는 그들만의 언어다
하늘과 맞닿은 높은 곳을 버팀 삼아
허공을 붙들어 매는 작업

수십 미터 높이도 다반사였지만
삼십 센티 발 디딜 난간을 줄 타듯 걸어간다
중간에 낀 장애물도 거뜬하게 타고 넘는
고난도의 춤사위가 차라리 아름다웠다

하늘 끝을 붙들어 매
밑바닥을 들어 올린다는 것
그것은 아무나 할 수 있는 일이 아니라서
바닥 작업을 충실하게 해내야만 가능한 것이다
비계공의 첫 번째 철칙은

---

* 비계용 자재 명칭

천지가 개벽을 한다 해도
허방 같은 바닥을
잘 다지는 것이 기본이었다

손마디에 잡힌 물집마저
허공에서 터트려야 하였다.

3톤의 눈물

3톤짜리 지게차가 운다
무슨 까닭이 있겠지만
눈물만은 쉽지 않았는지
마음대로 조작되지 않는 레바도 오늘따라
변속이 빈번하게 어긋난다
겉도는 바퀴와 회전축의 교차마다
기계 메커니즘 속은 정밀해서
웬만해선 어긋날 수 없는 것인데
봄부터 삐끗거리기 시작했다
잊을 만하면 몸으로 치고 들어오는 요동에
민감한 허리 통증을 건들어
감당할 수 없는 한계를 갈아치우곤 했다
자존심을 떠받치는 4번 경추를
여지없이 짓눌러 고통이 된 걸까
누구도 들어주지 않는 혹독함을 하소연해도
매몰차기만 한 야속함에
홀로 슬퍼해야 하는 그녀
딱히 말을 붙여본다면

간혹 눈물도 필요한 것이라고
그러고 나면 한동안 개운해질 것은 분명하다
잠깐씩 그렇게 뒤틀린 세상사가
아무 일 없었던 것처럼 지나가는 것이라고
말해 줘야 하나 망설여진 하루였다
어차피 더불어 사는 사람들이기에
견뎌야 하는 것을 알겠지만
봄날도 영원할 수 없듯이
서리 맞은 단풍이 붉어 서러운 것만은 아니다
쉰둘의 설움이 한꺼번에 몰려온 탓이라 쳐도
그것 또한 부대끼며 서로에게 얻는 생이어서
눈물을 닦는 일은 슬픈 것이 아니라
아름다운 것인 줄을 몰랐을 뿐이다.

부력 인생

정규직이니 비정규직이니 하는 것은
배부른 소리
이도 저도 아닌 근로자들이
얼마나 많은 줄 알고 하는 소리인가

개뿔 같은 국회 노동위니 노사정대책위니
그런 말이 먹히는 곳은
그래도 법망으로 보호받은 곳이다

시퍼렇게 젊은 나이에
오갈 데 없는 일당벌이들
가망 없는 물정 알고서 빠져나간 구멍에
빈자리 차고 들어오는 다국적 노동자들

조선소 블록도 만만찮은 중량 구조물이라
부피보다 더 큰 부력을 구하여
큰 배가 바다에서 거뜬히 뜨게 하려 했던 것은
노동자들의 피와 땀과

낮은 몸값 때문이 아니었던가

맨손으로 시베리아를 횡단해 온 철새들이 모여
부리로 블럭을 물어다 퍼즐을 맞추듯
조선소의 배들을 바다에 띄우고 있다.

버티기 같은

    오후의 햇살이 땀에 절은 소금기를 핥고 지나 간다 그예 아랑곳 않고 비집고 나온 반생이*를 구부려 모가지를 비틀다가 잠시 지친 허리를 곧추세워 보는 발판공 조금 후면 일몰의 시간을 물고 있는 해그림자가 어둠의 꼬리를 끌어당기겠지만 아직은 눈 대중으로 감을 잡을 수 없는 시월 상강의 찬 기운이 성근 발판 구멍을 기웃거리며 하루의 피곤이 몰려 있는 어깨 한쪽을 툭툭 내려칠 땐 온몸이 서늘해지곤 하였다.

---

* 비계 고정용 철사

공친 날

기껏 출근했더니
불어 터진 밥알 같은 아침 날씨가
가라앉은 기압에 눌려 깨어날 기미가 없다

그래도 포기할 수 없는
노심초사
젖은 손발의 물기를 잠시 털어보는데
웅크려 앉았다가 일어서는 것조차
쉽지 않은 관절이 통증을 불러올 땐
그냥 이대로
주저앉아 버리고 싶어지는 하루

비는 금방 갤 것이라는 멘트를 날리며
알듯 모를 듯하게 미소를 지어주었던
미모 빼어난 기상 캐스터가
설마 거짓말을 할까 믿었는데

가망없는 하루를 눈치 챈 현장에서

퇴근하라는 전갈이 시급했다.

13명의 전사 일기

어쩌다 저 사람들은
신자유주의의 포로로 잡혀 왔을까
남들 다 쉬는 일요일
누구는 살맛나는 세상을 꿈꾼다지만
쇠 먼지 풀풀 나는 제철소 원료 야드에서
휘몰아쳐 날아드는 총탄 같은 소음과
한물간 상사에게 머리 조아려 가며
오늘도 철야라는 노동 계약서에 자필 서명까지
교묘하게 숨어있는 착취라는 덫과의 전쟁
줄줄이 대오를 이루어
안전 작업 허가서를 받으러 오는 데
글로벌 경쟁이란 규정은 매몰차서
인정머리라곤 어디에도 없고
안전 규정 준수 조항만이 최고의 법이었다
휴일 작업 규정을 법조문처럼 알려주고
돌아서는 등 뒤에다 확인을 시키는데
복명도 우렁차서 기색은 명랑한 듯 하였다
헐값에 맞바꾼 일요일 심야가 끝나기 전까지

쇼생크에서의 탈출을 꿈꾸기 시작하는
현장의 밤은 모의하는 시간보다 길고
푸른 빛의 달무리가 예사롭지 않아
오늘만은 긴급하게 유예를 작당했다

용접공의 노래

바람에 데어도 화상이지
쇳물을 뽑아내는 거대한 설비 장치도
하찮은 바람에 부딪혀 화상을 입는다
바람이 가슴으로 스며들 때마다
데인 상처의 틈새는 더 커지고
그 바람구멍을 메우는 것이 용접공의 일이다
익숙한 철야는 천 팔백도 고열과
밤을 꼬박 새울 수 있는
올빼미의 눈을 가져야 한다
날카로운 발톱으로 바람을 누르고
너덜너덜해진 바람 집 속으로 빨갛게 타 들어간
자신의 살덩이를 밀어 넣어야 한다
부서져 주저앉아 버린 거대한 설비 덩어리
서서히 맞물려 돌아가는 것을 본 뒤에야
충혈된 별자리를 매듭처럼 풀어내는 김 반장
부서진 기계는 고쳐 놓았지만
밤사이 몸에서 빠져나간 살 틈으로
비집고 들어온 뼈마디를 스치는 바람결이

관절들의 마디에서 쇳소리를 지르게 한다
용접공은 제 몸에 난 바람구멍조차
스스로 메울 수 없어
일생 바람의 노래를 유행가마냥 듣고 살아야 한다

제4부

짬짬이 단잠

라면에 계란 풀어 먹는 맛도 좋지
거기에다 상차림 해 준 아줌마가
슬몃 흘리고 간 눈웃음도 나쁘지는 않아
그만하면 부자 점심이지

배도 부르겠다
허허벌판 텅 빈 간척지에 세워진
율촌공단 부둣가
바지선 안에는 인적도 뜸해
한숨 돌리고 잠들다 보면
꿈속 절반까지 잔 파도에 잠기곤 했지

나른해진 기억을 쫓아 아련해지면
손잡았던 그녀의 허리를 붙들어
초남 바닷가 갈대숲을 나란히 걷는 중이었지

너울에 밀려왔던 절정의 찰라도 그만하면 길어
일장춘몽 사랑 같은 건 열 번도 더할 수 있지

실실 간질이는 봄바람에
설핏 눈 떠보니
뱃심 좋은 최 팀장은 아직도 한 밤중이네

오후 작업 시작 종소리 들려오기 직전까지
잠깐 든 단잠 깰까 봐
머리맡을 한참이나 지켜 주었네.

힘줄과 핏발

자리에서 일어나니
어깨가 온통 뻐근하다
어제 한 노동이 쉽지 않았다는 듯
동맥이 아기 손가락 만큼이나
불거진 손등
어린 시절에 아버지의 손등을 만지며
생각보다 말랑말랑하다는 것을 알았다
평소에는 핏줄이었을 힘줄도
유연해져 있다가
산다는 일에 부딪치다 보면
쇠심줄처럼 강해졌을 것이다

폐박스를 놓고
언쟁하는 할머니를 보며
작은 일들도 쉽지 않다는 것을 본다
자주 맞닥뜨리는 그 할머니
함께 다니던 할아버지를 여의었는지
연향동 상가 폐박스를 주우며

목울대에 올라선 굵은 심줄을 보았다
따지고 보면 삼시 세끼 먹고 살아보겠다고
다들 핏발이 올라서는 것이다.

빗살무늬 토기에 대한 기억

　지독하게 바라보는 시선을 외면하지 못한 마음은 지금도 변함이 없다 애써 담으려 해도 담을 수 없는 시간에게 흘린 눈물은 하염없었다 때늦은 사랑 타령이 아니다 당신은 나의 생애를 떠받친 손이었고 발이었고 눈빛이었다 오래도록 드나들었던 방이었다 서로를 할퀴면서도 견뎌온 애증의 흔적이었다 서로의 안을 들여다보며 얼굴을 쓰다듬곤 하였다 따뜻하기만 했던 그 손길은 이제 세상에서 사라져 존재하지 않는다.

달궁 아래

누가 한사코 나를 찾아 오려 한다면
어디라고 가르쳐주지 않겠네

지리산 달궁 아래

봉우리도 그림자를 거두고
먼 하늘 바라보다
흘러간 하루가 저문다 한들
무엇을 보았다 말할 수 있으리

그대 찾아 정령치 돌아 심원을 내려선들
무엇을 알아내었다고 전할 수 있겠는가

보일락 말락
어스름 산능선을 헤메이고 난 연후에
그리움 하나 슬몃 괴어 놓으면

마음 씻거나 거두라는 말 듣지 못하고

흘러가는 계곡물에
새길 수 없는 것들이 떠나가고 있었음을
바라보아야 하겠네

귀에 남도록 흘러들어온 산 메아리
부음처럼 앉았다 가면
나도 이제 다시는
누군가를 찾아 함부로 나서지 않으려네.

페르소나

너무 자주 말고
간혹,

국민윤리도덕염치부끄럼
다 잊고 싶을 때가 있다

켜켜이 얼굴 가린 가면 같은 건 말고
입 벌리고 웃어 젖혀 버리다 보면
껍댕이 묻은 속 다 내보여지는
숨길 수 없는 영웅 본색

술자리 한 쪽에 다리 펴고 앉아
몇 잔을 연거푸 들이부어 본다고
굳이 남의 눈치까지 살펴야 하였던가

그냥저냥
사람 그립던 마음에
가슴이 흔들리거든

약속은 나중에 하기로 하고
먼저 찾아 나서면 되는 일이지

오가는 사람들도 사실은
제 앞을 견디느라 진이 다 빠져
등줄기에서 내려온 두 다리가 후들거리지만
본색은 드러내지 않고
돌아서서 가는 중이었으려니.

사람도 세월만큼 힘들게 한다

포항에서 광양으로 전근을 온 뒤
삼십 년 만에 찾아간 죽도시장
노상에서 회를 뜨는 할머니
굽은 허리보다 정월正月의 손과 입이 얼어붙어
무어라 말을 하지만 알아듣기 힘들다
주문받은 회를 떠 자리에서 일어서는데
발목을 붙잡아 주저앉히는 세월
주변을 둘러보며 손님을 찾기 시작한다
코앞에서 주문을 해 놓고선 그사이
휴대폰으로 용무를 보는 바쁜 사람들
어긋난 시선 속에서 한참 만에야
손님을 알아본 할머니
멋쩍은 듯 던지는 외침이 마음에 아프다
사람도 세월만큼 힘들게 한다 했던가
이제는 나를 기억해 줄 이 아무도 없는
죽도시장 안을 기웃거리다가
어렴풋이 여기에 온 이유를 알 것 같았다
앞서거니 뒤서거니 스쳐 가는 인파처럼

거친 역경을 헤쳐 왔지만
다시 또 세월만큼 힘들게 한다는
사람들 속으로 돌아가야 할
발걸음에 대하여.

포항

삼십 년을 훌쩍 넘겨
다시 찾아간 포항
쑥스러워 제대로
불러 보지 못했던 이름을 불러 본다

그 이름을 차마
꺼내 보지 못하고 긴 시간을 허비하고 말았다

훗날을 기약해야 할
그 무엇도 없이
우리는 그렇게 살아왔던 것

누군가 입에 올린 말에서
잊었던 과거가 생각났고
이제는 너무 많이 변해버린
바닷가 방파제에서

포항을

불러보았다

그것은 내 청춘의 또 다른 호명이었고
야근을 마치고 돌아오는 길목 위에서의
차디찬 바람의 이름이었다.

여수 밤바다에서

찰랑찰랑 몰아치는 파도에
쉬이 마음 흔들리지 않겠다
바닷속 감춰진 파랑은 교묘한 것
밑창 뒤집으며 매몰차게 떠난 뒤태를
한없이 바라봐야 하는 심사는 허망한 거지
돌산 머리 돌아
내 앞에서 이내 멀어졌지만
한 시도 널 내가 먼저 내친 적 없다
망망한 불빛을 보며
간발로 놓친 너를 붙잡지 못했지만
파도를 탓하지는 않겠다
스스로 무뎌진 칼날을 벼리어
자란 머리카락을 잘라낼 때마다
어디에선들 한 순간이 고요롭기만 하였겠느냐
여수 밤바다에 다시는 돌아오지도 않겠지만
첨벙첨벙 던졌던 옛 말들이 되살아나도
후회한다는 안색 보이지 않으련다.

뜬금없이

나원 참!

나 몰라라 불 꺼진 저녁의 상가들
붉은 입간판들은 밤을 시작하는 모습이어서
취객들마다 말을 거는 네온사인 불빛의 유혹들은
어떻게 대처해야 하나
갈지자 걸음으로 좌우를 흘깃거려 보아도
긴 밤의 적요를 붉게 달구는 화사花蛇들
한때 요천수 방천 풀숲에서
알몸으로 환하게 달빛을 피워내던 그 꽃뱀
소름 돋아 뒷걸음질 쳤지만
돌이켜보면 이제는 아무렇지 않게
두 팔 벌려 너에게 다가갈 수 있다고
호기를 부려 본다면
때 이른 술시를 너무 일찍 파한 것이
문제는 아니었을까.

그날

스물여섯 살이었다

서울로 가는 전철은
밤늦도록 지나갔고
멀리 출근했던 사람들이 파김치처럼
다소곳해져 산본 시장을 비집고 들어와
노곤한 몸을 술잔으로 풀어냈다
군포역의 허름한 역사도 조는 밤
전철이 끊긴 철로 위의
노숙하는 기차들의 밤은 매번 차가웠다
안양에서 서울까지 다니는 99번 버스는
호계동 외진 종점 차고에서 시동을 껐고
뻣뻣해진 다리를 밤새도록 주물러도
달라진 것은 없었다
북풍이 끝나가는 입동 즈음
조선일보 하단에
포항종합제철주식회사 사원 모집 공고가
이력서를 쓰게 하였다

홍익대에서 시험을 보고 온 뒤
한참을 지난 뒤 밤차에 내려오라는
기별이 서신으로 부쳐왔고
낯선 생의 행로를 따라가
전입신고를 마쳤던 86년 봄
아침이 용케도 찾아왔다.

외박

밤 열한 시 교대근무 마치고
중마동 회식 자리에서 마신 술 몇 잔
가슴 복판에서 열기를 돋군다

텃밭 한다고 산 객지 땅에
농막을 짓고 거기서 간혹 밤을 새웠다

별들이 창문 안으로 몰래 찾아들고
풀벌레 소리 진동하는 시냇물 가
눈을 감고 고요히 꿈속에 빠져 들면
휘리릭 문 빠끔히 밀고 들어오는
그녀
어느 밤부터 몰래 찾아오기 시작해
아침이면 흔적만 남겨 놓고 사라지던
솜털같이 가벼운 몸으로 가슴께에 앉아
가느다란 숨소리 들려주던
새 한 마리
꿈속에서라도 반가웠다

교대근무 마친 늦은 밤에 회사를 나서
어김없이 찾아올 그녀의 발길이 밟혀
택시 잡아타고 시외로 빠지자 하였는데
기사 양반 묘한 웃음을 눈가에 띠며
작은 각시 봤소 하는 말에
고개를 끄덕여 주어야 할지 말지를
한참이나 고민해 보았다.

폐항廢港

누군가를 잊기 위해 찾아간 곳이 아니다
만남과 사랑의 이유도 모른 채
필연처럼 다가왔던 갯내가
향긋해졌던 것도 깊어진 이유라면 이유였다
꼬불꼬불 끝없이 내뻗은 길 따라 걸으며
간단없이 이어졌던 말들에서
묻어난 사스레피 꽃향기처럼
서로에게 매혹이 되었던걸까
아직도 줄줄이 맺힌 꽃등은
영원에 이르지도 못하였는데
까닭없이 향연의 곤한 시간을 풀어내려는가
자꾸만 멀어져 가는 모습을 보며
낡아 쓸모없는 배만 덜렁
닻에 매여 요동치는 방파제 끝
등대가 뜨거웠던 심지를 올려
어둠을 다독인 저곳에도
아름답기만했던 추억들이 오롯할텐데
아무도 들지 않는 포구 안에서

눈빛에 배인 쓸쓸한 것들을 씻어버리려는 듯
맥없는 파도만 거칠어졌다
물살에 밀려나지 않으려 가쁜 숨 몰아쉬며
비명처럼 내지른 말소리를 기억해 줄 수 있을까
물때에 아랑곳없이 출항을 기다리는
가슴속은 지도에도 지워져 버린
별들만 동동 떴다 지는 곳으로
가슴으로만 더듬어 찾아갈 수 있는
그 길을 잃지 않으려 별자리를 그려 넣고 있다
그곳으로 가는 굽이마다
환한 초롱 매달아 그대 오시나 하며
두 귀를 여전히 모으고 있다

인월*

먼 소재지는 차부가 터미널이다
버스 승강 계단 오르며
된 숨 몰아쉬는 것만 다르지
쇠락과 흥성이란 것도
둘 다 한 몸에서 나온 말이었다
시골 버스가 고갯길을 돌 때마다
중심을 흔들리는 사람들
좋은 시절 간데없는 운전수 양반도
덩달아서 뒤뚱거린다
다섯 살배기 아이를 보고는
반표를 더 끊어야 한다는 으름장에
흰머리를 채반처럼 인 시어미 두고 내려가
반표 끊으러 간 아이 엄마
아슬아슬한 운봉 연재**길 쯤을 닮았다
엄마처럼 돌아앉아 방긋대며 동생 어르는
고사리 손길 하나에게도 치룬 차표에

---
* 전북 남원시 인월면 인월리
** 남원시 소재 고개로 이백면과 운봉읍의 경계를 이룸

아랑곳없이 해는 저물어가고
산 능선 아래에서 솟구치던 달빛이
투덜거리는 차창을 물들이고 있다.

절연絶緣

갈라선다는 것의 본질을 본다
파도가 밀려왔다 밀려가는 해안선 따라
절애를 깎아지른 듯
통렬한 이성을 본다
어디에서부터 갈라서기로 작정을 한 것일까
이제 한 몸통에서 떨어져
다시는 돌이킬 수 없는
단애를 본다
서로가 한 몸통이었던 때를
거부하며
냉정하게 갈라선 것들이
어디 저 마주 보고 있는
것들뿐이랴
이제껏 한 몸이라 여겨온
시간마저
단절보다 더한 지독해지자는 말을
귀에 담아두며
멀어져야 한다는 그 말을

곰곰이 생각해 본다
얼마나 외로워져야만
매몰차게 갈라선 저 속을
보듬을 수 있을까
차마
마주 보는 듯 서로를 마냥 바라보면서
갈라서자한 말을
어이해야 하는가를
묻지는 못하겠다

해설 · 시인의 말

| 해설 |

노동의 현장,
직조 혹은 응시하기

고선주(시인)

1

박철영의 시집 『노동은 푸른 산소다』에 상재된 시들은 하나같이 세상을 향해 열려 있으며, 한편으로는 시인 자신의 치열한 삶의 편린들이라 할 수 있다.

특히 이번 시집의 시들은 대부분 일상 속 노동자로서의 삶 그 자체를 형상화하고 있다. 노동자로 살면서 노동자를 외면하지 않는, 시인의 신산한 눈은 이미 '용접사의 불꽃이 진정한 꽃'(「불꽃살이」)이라 밝혔듯 노동 현장의 불꽃이 되려 하는 듯하다.

그래서 독자들은 이 시들을 통해 시인이 얼마만큼 소시민으로서의 삶 속 노동 현장을 문학적으로 형상화하고 있는지 알 수 있을 것이다.

시인은 요즘 현장 안전 관리를 맡은 모양이다. 사업장 내 사고를 미연에 막아내는 한편, 매일 안전한 직장문화를 만들기 위해 노력하고 있을 것임이 예측된다. 분명한 것은 시인의 시들에 드러나는 삶의 행간들에서 노동자로서의 진솔한 삶을 만날 수 있다는 점이다.

다행히도 노동 문학의 존재감은 조금씩 그 비중이 낮아지고 있는 가운데 이 시집의 시편들을 통해 2025년의 노동 문학 현장과 현주소를 가늠해볼 수 있다. 그의 시들은 곳곳이 노동 현장으로 점철돼 있다. 그렇듯 시인의 신작시들 또한 노동 현장의 이야기들이다. 최근 들어 노동 현장의 목소리를 세세하게 담아낸 시집이 희귀한데 시인의 시들은 마치 현실판『노동의 새벽(박노해 시집)』을 읽는 듯한 착각을 불러온다.

더욱이 시적 기교나 장치들이 과도했더라면 노동 현장에 대한 전경이 많이 망가졌을 텐데 시인은 최대한 현장감을 살리는데 주력한다. 필수적으로 필요한 시적 기교들만 구사한 듯 보인다. 그만큼 그는 진솔하게 자신의 노동 현장들에서 만난 기억들을 문학적으로 기교 없이 형상화하고 있다.

2019년 시산맥 제23차 감성기획시선 공모 당선 시집『꽃을 전정하다』의 추천사를 접하면, 시인의 시편들이 지향하는 지점을 예측해 볼 수 있다. 당시 박 시인의 시들은

'투박하지만 읽는 사람의 마음을 오래 '그렁그렁'하게 하는 맛이 있다'(김경윤)거나, '땀으로 시를 쓴다. 뛰고 구르고 밀고 당기며 몸으로 쓴다'(마경덕), 혹은 '긴 겨울을 지나 이제 막 해동된 시인의 시들이 아름답고 단단한 그의 손에서 아픈 전정의 시간을 이겨내 꽃처럼 만개했다'(김금란)고 추천의 글을 받은 바 있다. 여기서도 시인이 추구하는 노동시의 흔적들을 발현하고 있음을 알 수 있다.

 이처럼 이번 시편들이 다양한 층위를 가지고 있지만 시인이 지향하는 노동시의 지점이 가장 선명하게 읽혀진다. 4부로 구성된 이번 시집에서 제1부는 작업 현장에서의 용접사 혹은 용접공의 삶과 일상의 표출 등 현재의 노동 현실을 가감없이 드러낸다. 그리고 시인은 그것을 부정 기제가 아닌, 긍정 기제가 작동되는 삶의 방식으로 표출하고 있다.

      언제부턴가 내 손에서는

      불꽃이 일었지

      (중략)

      사람들이 나를 부를 때

이 씨 이 씨 하던 것도 세월이 흐르다 보니
　　그 사이에 내 몸에서도 불꽃이 일었던 거지

　　이제야 제대로 된 불꽃을 피우다 보니
　　이 직장 이 직장하고 부르는 호칭도 바뀌었네
　　뭐니 뭐니 해도 조선소에서는
　　용접사의 불꽃이 진정한 꽃이 아니던가.

　　　　　　　　　　　　　　　　-「불꽃살이」 부분

　이 시 「불꽃살이」는 새내기(신입) 직장인으로서의 각오와 신입이 처한 직장 내 환경, 업무에 대한 인식 등 현장에서 직접 경험하지 않으면 쓸 수 없는 내용들을 시인 나름의 시각으로 버무리고 있다. 불꽃은 실마리이자 의지, 끈기, 인내, 불굴, 극복의 여러 의미들을 함의하고 있다. 시적 화자의 손에서 불꽃이 일었다는 것은 용접사로서 용접을 하려면 불꽃이 필수적이라는 점을 상정한다. 용접을 시도하면 불꽃이 튄다. 그 불꽃이 마치 꽃처럼 보이기도 했을 것이다. 산업 현장이 열악하면 할수록 불꽃은 더욱 강렬한 상징으로 상기된다. 작업 현장의 분위기가 가라앉아 있을 때도 용접봉에서의 불꽃은 작업 현장의 열기를 전해주는 동시에 노동의 강렬한 표식으로 상징된다.

　용접일은 무더움 속 불꽃을 팅기며 안면 등을 보호장비

로 가려야 하고, 현장의 열기로 인해 고온 속에서 작업을 해야 하는 만큼 쉽지 않다. 나중에는 용접일이 피부적으로 느껴져 몸에서도 불꽃이 일었다고 하는 것으로 봐서 셀 수 없을 만큼 반복적인 용접 일을 해왔음을 인지할 수 있다. 일 혹은 작업이지만 관습, 또는 습성으로 용접일이 익은 셈이다. 그래서 자신도 모르는 사이 '손에 불꽃이 일었다'고 표현하고 있는 것이다. 시적 화자는 조선소에서 꽃 중의 꽃으로 용접사를 꼽고 있다. 노사 갈등이 메인이지만 간혹 직장내 노노갈등 역시 엄존하다는 것을 알 수 있다.

2연 4행의 시문은 노동 현장의 단면이지만 다소 씁쓸함을 숨길 수는 없다. 시적 화자의 호칭은 이 씨에서 이 직장으로 변화한다. 앞의 이 씨는 그야말로 부품같은 노동자를 지칭하는 것이고, 이 직장은 노동 현장에서의 위치가 다소 개선된 조건으로 읽힌다. 또 한편으로는 초보 용접사에서 다소 능숙한 용접사가 됐다는 것을 우회적으로 드러낸다. 용접사이다 보니 불꽃을 결코 떠날 수 없는 삶이다. 한 사람이 평생 불꽃처럼 살았다 했을 때 그 의미는 뜨겁게, 가열차게 열정적으로 삶을 살았다는 것을 의미한다. 시제 '불꽃살이'는 특정인만 뜨겁게, 가열차게 살아갈 수 있는 것이 아니라 노동 현장에서 이름없는 용접사이더라도 묵묵하게 노동을 소화하며 최선을 다해 살아가고 있다는 것을 중의적으로 표현했다. 이 시에서 가슴 한복판이 세월만큼 뒤집

했다거나, 몸에서 불꽃이 일었다거나 하는 표현을 보면 노동 현장의 척박한 환경을 그만큼 진솔하게 보고 있음을 알 수 있다. 시인은 투박하지만 노동 현장의 풍경을 진솔하게 시라고 하는 그릇에 차곡차곡 담아내고 있다. 노동 현장이나 노동 현장의 문화, 노동 현장 사람들을 결코 미화하거나 포장하지 않는다. 정제된 감정과 가식 없는 시어들, 시적 장치를 뺀 담담함 등이 오히려 시적 상상력을 독려한다.

그의 시는 노동 현장의 불균형에 대한 인식을 은연 중 보여준다. '용접봉에서 빠져나온 불꽃으로/노동은 언제나 푸른 산소의 시간이었다'라고 노래하는 「노동은 푸른 산소다」 역시 용접사의 삶을 직접적으로 표출한다. 여기다 '소금기 품은 용접복 위로/놀빛보다 더 붉었던 불꽃의 시간을/건너'간다는 시 「빵」도, '용접공은 제 몸에 난 바람구멍조차/스스로 메울 수 없'다는 「용접공의 노래」도 같은 맥락 선상에 자리한다.

'챙겨가는 놈들은 따로 있'(「말을 참는 사람」)다거나 '일터의 갈등 깊은 마음'(「외심 씨 外傳」) 등에서 이땅의 노동 현장의 굴곡진 단면을 엿볼 수 있다. 노동 현장에 한국인만 있던 시대는 끝났다. 이주노동자들과 공존해야 하는 시대를 맞았다. 산업 현장을 보면 어느덧 이주노동자들이 셀 수 없을 만큼 많이 분포해 있다. 그만큼 이주노동자는 우리 안의 이주민이 아니라 우리와 함께 살아가야하는 동반자가 된 것이다. 이들과 함께 일을 하고 점심을 같이 먹으러 가며, 같이 어울려 놀러가기도 해야 하는 세상을 맞았다는 이야기다. 다음 시는 이주노동과 단절된 한민족의 또 다른 전형이 스며들어 있다.

세월이 흘러도 변하지 않는 것은 있다

개똥이 말똥이 만복이가 이바노프 성을 달고
비탈리가 되든 알렉산더가 되든
촉촉이 젖은 눈을 보면 알아챌 수 있다

가끔 시베리아 곰을 닮은 것처럼
왕방울 눈이 사나워 보여도
가슴 깊이 숨겨진 사연이란 것이
슬픈 족속들의 모습이어서

(중략)

F4 비자로 근근이 일자리 찾아 헤매다
눈칫밥으로 때우고 배워가는
발판 비계공으로 자리 잡은 안드레이 김

십 년 만에 고향 찾아간다며

눈자위가 빨개져 슬퍼지기 시작하는 퇴근 시간

내일이면 떠난다는 어깨를 꼬옥 껴안아 주었다

조상의 조국에서의 어느 쓸쓸한 저녁이

고향으로 돌아가는 너의 마음을

가만히 쓸어안아 주고 있었다.

-「안드레이 김」 부분

  이 시는 2부에 포함된 작품이다. 시 「불꽃살이」가 한국 노동자로서 노동 현장에 관한 것이라면 「안드레이 김」은 동포 3세 출신 노동자에 관한 시다. 이 시는 두 가지 민족의 아픔을 노출한다. 약소국 식민지국가 민족으로서 조국을 떠나 연해주와 중앙아시아를 떠돌아야 했던 재소(러시아 우즈베케스탄 등)동포에 관한 이주사의 아픔이 드러나는 동시에 여전히 굴곡된 노동 현장에서의 재외 동포로서의 살아남기가 키워드로 읽힌다.

  그렇게 조국으로부터 방치되다시피 한 그들은 그야말로 '슬픈 족속들'인 것이다. 조국이라고 하는 또 다른 이주의 공간에서 마지막 날 하루 전이니 슬픈 것도 슬픈 것이지만 조국에 대한 각별한 감정과 다시 돌아가야 하는 중앙아시아로의 복귀 사이에 만감이 교차하는, 경계인으로서 생겨

나는 어쩔 수 없는 감정의 발로가 크지 않을까 한다. 이주의 땅에서 이주의 땅으로 가는 것이니 만감이 교차하는 것일 수 있다. 중앙아시아가 자기가 태어난 곳이더라도 그곳역시 이주의 공간이다. 감정은 질량으로 잴 수는 없는 것으로 분명히 정주의 공간은 따로 생각하고 있겠지만 현실은 서서히 선택의 기로에 내몰리고 있는 지 모를 일이다. 그러나 시적 화자는 결론적으로 이별을 기하고 돌아가는 것으로 그려진다.

시적 화자는 재외 동포로 이주노동자이자 슬픈 족속인 안드레이 김을 멸시하고 무시하기 보다는 '가만히 쓸어안아 주고 있었다'에서 처럼 포용의 자세를 보여준다. 안드레이 김은 시 속에서 '시베리아 곰을 닮은 것처럼/왕방울 눈이 사나워'진 동포 3세 중 한 명이다.

그는 몸은 러시아인이 됐지만 마음 한편으로는 '가슴 깊이 숨겨진 사연'을 간직하고 살아가는 조선인의 정신을 품고 있다는 것이 은연 중 드러난다. 이들의 고향은 러시아 땅, 어디일 것이다. 하지만 뿌리, 즉 고향은 '또 다른 조국'이라 했듯 한반도 어디쯤이다. 그들의 고향에 대한 의식이 아무리 얕다고 하더라도 할아버지와 할머니, 아버지와 어머니의 고향인 것이다. '또 다른 조국'은 이들에게 국내 이주사 초창기에는 무시와 멸시를 반복하는 등 값비싼 수업료를 치르고 오늘날 우리는 같은 민족이고, 하나의 뿌리라는 대동 정신을 바탕으로 하는 공동체 의식을 복원하는데 까지 다다른 것이다. 그렇지만 한때 우리는 이들에게 부끄러운 민낯을 내밀기도 했으나 지금은 산업 현장에 많이 진출해 있고, 우리와 똑같은 객체로 대우하고 접한다는 데서 다행이다. 물론 여전히 재소 동포들에게 조국은 낯설기만 하다. 시 속에서 재소동포가 서 있는 자리는 F4 비자로 얻은, 근근한 일자리에서 눈칫밥을 피해갈 수는 없다. 처음에는 내국인도 그런 과정을 거치는 단계가 있는 것이니 크게 개의치 않을 수 있으나 이들은 우리보다는 훨씬 불리한 지점에서 출발하는 것이다. 적어도 노동 현장에서는 따가운 눈초리 등 이방인 취급을 견뎌내야 한다. 이런 아픔들을 시적 화자는 잘 인지하고 있을 뿐만 아니라, 그렇기에 모처럼 고향을 다니러 가는 안드레이 김을 껴안고 위로하며 용기를 북돋워 주는 것이 아닐까 한다.

재소 동포들이야말로 연해주에서 중앙아시아 등 옛 소비에트연방 곳곳으로 자발적 의지가 아닌, 스탈린에 의해 강제 이주된 아픔을 간직하고 있다. 황무지로 버려진 이들이 재소동포들이다. 이런 역사에 대한 시적 화자의 인식은 매우 건강하게 작동되고 있는 것처럼 보인다.

    (전략)

그래도 살겠다며 밑바닥부터 기어올라
오지게 잡아 비틀어 맨 세월이었으리
사람은 몸뚱이로 일하는 것 같지만
정신이 중요한 것이라며 목청으로 질러낸 기합
끝까지 태권도의 기상을 잃지 않는다

구월엔 아내가 미용실을 개업한다고
도복 대신 입은 작업복 허리띠를
단단하게 조였지만 기마자세가 흘러내렸다.
-「비계공 종환 씨」 부분

(전략)

새 떼처럼 대오를 지어
망망한 허공에서 공중제비를 돌 듯
경력으로 점을 찍어 채웠다 헐었다
마법이 벌어지는 조선소 블록 공정
발판을 시공하는 사람들 어깨 위로
노을이 허물어지기 직전까지
비틀고 조이고 매달다 보면

아직 뜨다만 달빛도

그 옛날 순천 왜성으로 끌려가는
노복奴僕 들처럼 꼼짝없이
허리가 묶여 있곤 했다.
　　　　　　　　　　　-「비계공의 달집」 부분

(전략)

공간의 네 귀를 붙잡아 맨 균형이 생명이지만
가다가 간혹 뒤틀어지는 것이 인생사이듯
허망하게 무너진 현장이 사단을 내기도 한다

아직도 0.3미리 번선番線을 뽑아 들고
못다 한 사랑 노래를 부르듯
구부렸다 오므렸다를 반복하며
시노를 발판에 탁탁 두드려 보기도 하는데
소리만 들어도 끝이 어디까지 가 닿는지를
감感으로 알아차리는 저 허공의 달인들
비계공의 하루는 마술과 같다.
　　　　　　　　　　　-「비계공의 하루」 부분

 시 「비계공 종환 씨」나 「비계공의 달집」, 「비계공의 하루」는 비계공이라고 하는 작업 환경에서 비롯되고 있다.

하지만 그 지향점은 다소 차이가 난다.「비계공의 달집」과「비계공의 하루」는 작업 환경이 더 강조된 것이고,「비계공 종환 씨」는 비계공인 특정 인물로부터 시적 형상화가 이뤄진다. 이 세 편 모두 시적 화자가 얼마만큼 열악한 환경에서 위험을 감수하거나 팍팍한 일상 속에서 일해가는가를 묘파하고 있다. 온통 세상이 잘나고, 잘나가는 사람들만 우대하는 풍조가 만연돼 있지만 각종 작업장, 혹은 노동의 최전선에 내몰려서 살아가는 사람들은 어쩌다 생과 사의 경계에 내몰려 작업을 해가고 있다는 것을 말해주고 있다.

앞의 시「비계공 종환 씨」는 일터에서 종환 씨의 삶 전반이 드러난다. 허공에 대고 손놀림이 분주한다든가 혹은 손바닥 안에 등이 갈라진 거북이가 산다고 표현한 것으로 봐서 치열한 작업 현장과 그가 어떻게 노동을 하며 살아내고 있는가를 예감할 수 있는 대목이다. 비계공이 노동으로 하루를 지탱하는 것 같지만 그것이 아니고, 사실은 정신이 자신의 노동을 지배하고 견인한다는 것을 강조한다. 노동은 몸이 수행하지만 그 노동을 수행하게 하는 것은 정신이다. 그 정신이야말로 비계공이라는 직업의 숭고한 가치를 설파한다. '단단하게 조였지만 기마자세가 흘러내렸다'는 말은 일상의 붕괴를 막기 위해 단단하게 조였으나 정신이 풀려 느슨해졌다는 의미를 에둘러 표현하고 있다. 이는 개인의 정신력으로만 어떻게 할 수 없는, 삶의 취약성을 은연 중 내비친다.

시 「비계공의 달집」은 시인의 현장에 대한 인식과 비유에 대한 깊이를 조망할 수 있다. 시인은 '발판을 시공하는 사람들 어깨 위로/노을이 허물어'진다고 노래한다. 노을은 자연물이다. 인간이 어떻게 할 수 있는 대상이 아니다. 그렇지만 시인은 발판 시공 노동자들 어깨 위에서 노을이 부서진다고 비유했다. 자연스럽게 벌어지는 일들이더라도 비계공의 노동 시간에 따라, 노동 진척에 따라 노을을 해석해 감성적으로 표현해 내고 있는 것이다. 노을이 지면 졌지, 허물어지는 일은 결코 없다. 우리 인간이 그렇게 느낄 뿐이다. 시인이 그 느낌을 시적 언어로 직조했다.

또 이같은 표현은 다음 연이어 반복된다. 시인은 '아직 뜨다만 달빛'으로 표현한다. 달이 뜨고 지는 것을 마치 의지적으로 하는 것처럼 표현하고 있다. 그리고 달빛이 뜨는 것이 아니라, 달이 뜨는 것일텐데 이런 표현을 하고 있다. 그러는 데는 혹여 다른 이유가 있을까 한참을 되뇌이게 했다. 이 역시 시적 화자의 의지에 따라 달이 스스로 알아서 뜨고 지는 것으로 비유해 훨씬 읽는 맛을 배가시키고 있다. 이와 함께 정유재란 때 왜장 고니시 유키나가가 주둔했던 순천 왜성으로 끌려가는 노복보다 더한 신세가 비계공일 수도 있다는 것을 우회적으로 표현하고 있다. 치열한 노동 현장의 풍경을 진솔하게 노래하는 한편, 시적 감수성을 잊지 않은 것이다.

여기다 다음의 시「비계공의 하루」역시 이같은 정조를 유지한다. 이 시에서 가장 주목되던 곳으로 '간혹 뒤틀어지는 것이 인생사'라는 명제를 언급한다. 자신이 하는 일이 그저 남들이 이야기하기 좋은 단순 노동이 아니라는 점을 말하면서 교본처럼 딱딱 들어맞지 않은 것이 삶이다. 노동자로서의 삶이 척박하지만 세상을 살다보면 인생 곳곳이 뒤틀리는 일이 많다는 입장이다. 그러니 노동 현장에서 얼크러지는 일이 한두 가지가 아닐 것이라는 점을 암시한다. 체념한 듯하며, 하나 하나 극복해가는 노동 정신을 말해주는 것 같기도 하다.

시적 화자는 단순 노동이 아닌 달인으로 자신의 주변에서 일어나는 노동에 대한 시각을 표출한다. '소리만 들어도 끝이 어디까지 가 닿는지를/감感으로 알아차리는 저 허공의 달인들'이라고 읊는다. 달인이되 허공의 영역을 다루는 이들이 노동 현장에서 '옷으로 가려진 몸뚱어리 곳곳의 푸른 멍과/옹이가 진 손과 발목을 훈장처럼 꺼내 보이는'(「발판공 입문」) 혹은 '뒤뚱거리는 발걸음'(「안 씨 관찰기」)으로 살아온 비계공인 것이다. 이들은 허공에 없는 길도 만드는 장인과 유사하게 다뤄진다. 그만큼 노동의 가치를 높게 설정해놓고 있는 셈이다.

오늘도 제 불꽃을 피워

빵을 굽는 사내가

조선소 블록 오십 미터 대로 위로

끌고 왔던 용접기를

손수레에 옮겨 싣고

하루의 노역을 마감하러 간다

소금기 품은 용접복 위로

놀빛보다 더 붉었던 불꽃의 시간을

건너가느라 마음이 바쁘지만

도로의 경사면이 자꾸 고개를 쳐들고 있어

언제 풀려버릴지 모를 정강이가

힘에 부쳐 불안 불안하다

그새 오십 줄을 이어온 이마의 주름살이

활처럼 휘어진 비탈에서

미끄러지지 않으려 버티고 있다

(후략)

-「빵」 부분

위의 시 「빵」은 비계공과 대표적 시적 화자의 직업으로 노출되는 용접사의 일상을 접할 수 있다. 그의 앞에 놓인 삶은 위태롭기 그지없다. '도로의 경사면이 자꾸 고개를 쳐들고 있'다는 것으로 보아서 언제든지 그가 넘어질 수 있는 위험에 노출돼 있다. 비계공으로서의 위험을 상징화한 것 같지만 전체적으로 삶 전반에서 낙오하지 않기 위해 안간힘을 쓰는 자아로 묘사된다. 아울러 '놀빛보다 더 붉었던 불꽃의 시간'이라고 한 것으로 미루어 시적 자아가 얼마만큼 치열하게 살고 있는가를 보여준다. 거대한 자연의 에너지보다 더 다급하게 꾸렸을 불꽃이야말로 그가 눈 코 뜰 새 없는, 여념 없이 보내는 하루의 일과를 담보한다. 비계공이든, 용접사든 얼마든지 삶의 안전지대로부터 멀어질 수 있다는 점 때문에 삶이 그만큼 치열할 수 밖에 없다는 것을 우회적으로 제시한다.

특히 시인의 시들은 현재적 시각에서 직조된 것들이 대부분이다. 소소한 일상생활의 단면들이라기보다 먹고 살기 위한 노동자의 길을 현학적으로 풀지 않고, 진솔한 자기감정에서 충실하게 바라보고 시화했다. 앞선 시들에서 봤듯 시적 화자는 철저하게 현장에서 경험한 노동 의식에 기반한다. 노동자들의 삶은 그리 풍족하지 않다. '빈 주머니'(「말을 참는 사람」)의 존재이거나 '간간이 육두문자가 쏟아지'(「발판공 입문」)는 존재, '돌아오지 않는 이름들'(「공단의 가을」), '저 착한 눈빛들'(「알렉산더들이 나타났다」), '목울대로 삼킨 울음'(「울들의 소리」)의 당사자로 그려진다. 전반적으로 시인은 노동자들을 몸으로 벌어먹는 사람들의 범주에 넣어 두지만 그들이 펼치는 삶이나 시대에 대한 생각은 어느 틀에 갇혀 있는 대상들이 아니라는 점을 기본에 두고 있다. 시 너머에 '똑같은 인간'이라는 명제를 귀에 대고 속삭이는 듯하다.

'막장을 기는 현장에는 막장이 없다/생을 일으키고 바로 세우려는/투혼의 밑장을 괴는 터전만'(「청년 비계공」)이 있는 비계공이야말로 죽기 살기로 떠받치는 노동 현장의 비계를 책임지는 사람들이다. 삶이 각박할 뿐 아니라 사회구성원 중 약자적 위치에서 살아가는 사람들의 현실을 은연중 노출한다. 그들은 그들 삶에 들어와 있는 노동의 무게를 감당하며 묵묵히 살아내고 있다.

불편부당한 현실을 일상으로 맞이하지만, 그렇다고 해서 시들이 구호성 시로 전락하지 않는다. 시제와 모두 일치시키면서 그 시 안의 내용을 형성하고 시적으로 가다듬은 것으로 인식된다.

노동시들이 두드러져 보이지만 그 이면에는 꼭 그렇지만도 않은 시편들이 여럿 보인다. 이를테면 '산능선 아래에서 솟구치던 달빛이/ 투덜거리는 차창을 물들이고 있다'(「인월」)거나 '어디에서부터 갈라서기로 작정을 한 것일까/

(중략)/얼마나 외로워져야만/매몰차게 갈라선 저 속을/보듬을 수 있을까'(「절연」)라고 노래하는데 이 시편들에서 독특한 지점을 이룬다. 무수히 많은 삶의 시간에서 겪은 일들을 체화하고 깊은 관조에서 빚어내는 시적 표현들은 깊은 사유로 각인된다.

노동 현장을 드러내면서도 몇몇 시들에서 보이는 서정의 시학 또한 사치스럽지 않다. 분명한 것은 그의 문장들은 지나치게 달지 않았고, 시디 시었지만 그래도 슴벅슴벅하지 않았다.

시적 화자는 '밤새워 꽃을 피웠던/벚나무들을 쳐다'(「밤에도 벚꽃은 핀다」)보거나 '외면하려 한 꽃들이 흙을 비집고 나와 하늘을 쳐다'(「4월」)볼 때 열악한 노동 현장의 현주소를 노출하면서도 '내 청춘의 또 다른 호명'(「포항」)이었고 '차디찬 바람의 이름'(「포항」)이었을 삶의 안위를 잊지 않는다.

전체적으로 노동시를 지향하고 있으면서 오랫동안 근무했던 제철소 현장에서 체험한 노동자의 실상과 정년 이후 새롭게 맞이한 노동 환경에서의 비계공과 용접사의 삶들이 강조되고 있다. 이런 류의 노동 현실이 전체 노동자의 모습인 양 삶만이 노동자라고 하면서 좁게 볼 필요는 전혀 없겠다. 이들이 처한 노동 환경의 단면을 통해 현시대 노동 환경을 조망해보는 것은 매우 긍정적 시그널이 될 수 있다. 그의 시편에 대해 읽는 이들이 노동 현장의 가

학성이나 불균등, 차별같은 것들보다는 인간 근원의 심성에서 바라보는 노동에 대한 얼굴들을 다채롭게 조망할 수 있다. 시인의 시편들은 현시대, 노동자들의 안위를 묻고, 그들과 어깨동무하자고 팔을 내밀고 있다.

시인의 말

다들 살기 힘들다고 하는 세상에
정말로 힘든 사람들은 온몸으로 살아가는
노동자들이다.

그들은 시곗바늘처럼
하루를 마치고
다음 날을 위해 잠들지만
힘들다고 할 겨를이 없다.

시는 현실 속에서 일어나는
일들을 상상하고 상징적으로 발현한 문장이라 하지만
노동 현장의 하루는
그렇게 낭만적일 수가 없다는 것이
가슴 아플 뿐이다.

시를 세상에 내놓으며
그들의 모습을 말해주고 싶었다.

2002년에 첫 시집을 내면서
내 눈높이에서 바라본 노동자들의
삶의 모습을 외면하지 않겠다는
약속을 이제야 지킨 것이다.

2025년 여름, 박철영

실천문학시집선 315

노동은 푸른 산소다

2025년 08월 31일 1판 1쇄 박음
2025년 09월 10일 1판 1쇄 펴냄

지은이	박철영
펴낸이·편집장	윤한룡
디자인	윤려하
관리·영업	이소연
홍보	고 우

펴낸곳	(주)실천문학
등록	10-1221호.(1995.10.26)
주소	남양주시 퇴계원읍 퇴계원로 52 405호
전화	02-322-2161~3
팩스	02-322-2166
홈페이지	www.silcheon.com

전라남도 JeollaNamdo   전라남도 문화재단

이 책은 전라남도, (재)전라남도문화재단의 후원을 받아 발간되었습니다.

ⓒ 박철영, 2025

ISBN 978-89-392-3177-1 03810

이 책 내용의 전부 또는 일부를 재사용하려면
반드시 지은이와 실천문학 양측의 동의를 받아야 합니다.